V

MACHINES A DRAGUER

ET

APPAREILS ÉLÉVATOIRES

PARIS. — IMPRIMERIE DE J. CLAYE
RUE SAINT-BENOIT, 7

4187.

RECUEIL

DE

MACHINES A DRAGUER

ET

APPAREILS ÉLÉVATOIRES

CONSTRUITS ET EMPLOYÉS

PAR A. CASTOR

ENTREPRENEUR DE TRAVAUX PUBLICS A MANTES (SEINE-ET-OISE)

PARIS

IMPRIMERIE DE J. CLAYE

RUE SAINT-BENOIT, 7

—

1856

INTRODUCTION

Ce n'est que depuis un petit nombre d'années que les draguages ont pris une grande importance dans les travaux publics, et que les moyens de les exécuter avec rapidité et économie ont réellement fait des progrès.

Il n'y a pas bien longtemps encore, on n'avait pour opérer les curages dans les rivières et dans les ports, que des machines à manége avec lesquelles on ne pouvait guère extraire qu'une centaine de mètres cubes par jour.

L'emploi de la vapeur, comme force motrice, a été un premier pas dans la voie des améliorations; il a permis de simplifier les appareils, de porter le volume des extractions à 200 ou 300 mètres cubes par jour, et de réduire les prix. Mais cette première inovation, malgré son importance, ne suffisait pas encore pour qu'on pût donner à ce genre de travaux tous les développements dont il est susceptible; on hésitait à l'appliquer dans beaucoup de circonstances, lorsque le prix du mètre cube de déblai ou de remblai, fait ou fourni par une machine, devait revenir de 2 à 4 francs.

Chargé en 1840, pour le compte de l'administration des ponts et chaussées, de la direction d'une des meilleures machines de l'époque, j'ai reconnu qu'il était possible d'apporter aux appareils mêmes de draguage des perfectionnements qui permettraient d'opérer dans les conditions les plus difficiles, et d'augmenter le volume journalier des extractions.

Je construisis à cet effet, en 1844, une machine de la force de douze chevaux avec laquelle j'ai pu, non-seulement extraire 500 à 600, et même dans certains cas, 1,000 mètres cubes par jour, mais encore, enlever des fondations en enrochements d'anciens ponts.

Ce résultat, tout en permettant d'exécuter les draguages avec une grande promptitude, avait aussi l'immense avantage de réduire le prix d'extraction à 0 fr. 80 c. par mètre cube, pour des travaux de sujétion, tels que l'amélioration d'un chenal de navigation, et de faire même descendre ce prix jusqu'à 0 fr. 40 c. pour le cas d'un emprunt de remblai dans le lit d'une rivière, cet emprunt pouvant atteindre une profondeur de 12 mètres.

Après avoir fait sur la Seine de nombreux draguages, pour lesquels j'ai dû construire une nonvelle machine, j'ai entrepris pour les chemins de fer de Paris à Lyon et à la Méditerranée, les travaux suivants :

Le remblaiement de la gare de Vaise, qui exigeait l'extraction de la Saône, et le transport de 1,200,000 mètres cubes de gravier;

Le ballastage de la voie entre Vaise et Villevert sur une longueur de 14 kilomètres;

La fouille de la fondation des viaducs de la Thalie et du Grison près Châlon-sur-Saône;

Le draguage des enceintes des piles et culées du pont du Rhône, à Lyon, et le remblaiement aux abords de ce pont.

L'exécution de ces travaux, auxquels j'ai affecté une des machines à deux échelles inclinées que j'avais sur la

Seine, m'a conduit à établir plusieurs autres appareils pour les extractions, et l'emploi des matières qui en provenaient, savoir :

Deux machines à une seule élinde verticale pouvant draguer jusqu'à 15 mètres de profondeur ;

Une machine à une seule échelle inclinée permettant de travailler en rivière, dans une enceinte ouverte seulement d'un côté ;

Une machine sur chariot pour la fouille d'une enceinte complétement fermée ;

Deux appareils élévatoires, l'un vertical et l'autre en plan incliné, pour monter les déblais à 15 ou 18 mètres de hauteur ;

Enfin une grue à vapeur pour un service analogue.

Avec trois machines à draguer et l'appareil élévatoire vertical, suivi d'un pont de service réduisant à 500 mètres la distance du transport par terre, qui eût été de 1,200 mètres en suivant la rampe sur le sol, comme on l'avait fait en commençant le travail, j'ai pu, pour le remblaiement de la gare de Vaise, arriver à extraire et à conduire journellement sur le lieu de l'emploi 2,400 mètres cubes de remblai, soit en moyenne 180 à 200 mètres par heure.

Trente bateaux portant chacun quatre caisses d'une contenance de $2^{m.c.}$, 50, et soixante wagons étaient affectés à cette opération.

Le trajet par eau était de 1,500 mètres.

Appelé ainsi par les circonstances à m'occuper d'une manière toute particulière des draguages, et de l'emploi des matières extraites, j'ai cru faire une chose utile en publiant les détails des différentes machines dont je me suis servi, et en faisant accompagner les dessins d'un exposé succinct des améliorations que l'expérience m'a successivement engagé à adopter, ainsi que des résultats les plus intéressants que j'ai obtenus.

Qu'à cette occasion, MM. les Ingénieurs qui ont bien voulu me confier d'importants travaux, et m'aider de leurs lumières, me permettent de leur exprimer de nouveau toute ma reconnaissance.

A. CASTOR.

Mantes, le 1er juillet 1856.

DESCRIPTION

DES

MACHINES ET APPAREILS

PONT DE SERVICE

PLANCHE PREMIÈRE

La planche 1re représente l'ensemble d'une partie du pont de service qui mettait en communication directe les machines élévatoires établies dans la gare d'eau de Vaise, et l'emplacement de la gare projetée, pour laquelle on a fait un remblai de 180,000 mètres de superficie sur 0^m50 de hauteur.

La figure 1re représente le plan d'une partie du pont et les dispositions des voies de service;

La figure 2e est une élévation en projection correspondante;

La figure 3e est une section transversale faite entre deux des travées qui supportent le tablier du pont.

Ce pont, d'une construction très-simple, du reste, est établi sur des batteries composées de quatre pieux A qui forment des travées parallèles et successives; chaque travée est consolidée par des moises, fiches et contre-fiches. Les pieux supportent quatre longrines sur lesquelles reposent les traverses des voies.

C'est dans la partie du pont qui s'avance jusque dans le bassin de la gare que se trouvent situées les machines élévatoires, et qui sont suffisamment détaillées dans la planche suivante pour qu'on ne fasse que les mentionner ici.

On remarquera seulement que cette partie est très-élargie pour correspondre aux quatre voies C, C', D et D', qui coïncident avec les trappes J par lesquelles passent les caisses chargées ou vides, suivant qu'elles élèvent le gravier ou qu'on les fait descendre pour les placer sur les bateaux-porteurs.

La disposition des voies, représentée par la figure 1re, est digne d'attention, surtout en se figurant le problème tel qu'il se trouvait posé.

On peut voir, en effet, que cette disposition permet d'avoir quatre points de chargement et déchargement, ayant chacun leur voie spéciale, qui ne forment plus loin que deux voies, et même une seule au besoin à une certaine distance.

Les quatre trappes J se raccordent avec les quatre voies C, C', D et D', lesquelles se confondent en deux par un croisement en C et D; mais il existe un croisement commun en F, afin de pouvoir passer de chacune de ces deux dernières, à l'une quelconque des quatre voies spéciales.

Indépendamment de ces grandes voies qui conduisent des trappes au point du versement des graviers, on remarquera les quatre voies formées C^2, D^2, E et E' qui se raccordent aux grandes voies à l'endroit de la jonction avec les trappes. Ces voies supplémentaires sont destinées à garer les trucs vides, en attendant qu'ils puissent être amenés aux trappes pour y recevoir une caisse pleine.

Il sera facile maintenant de comprendre combien cette organisation convient à un tel service. Malgré le grand nombre de wagons en mouvement, on n'a pas à craindre d'encombrement, attendu que les départs et les retours sont aussi bien ménagés que possible.

Les deux voies H et G sont nécessairement affectées respectivement l'une au départ des wagons chargés, et l'autre à leur retour à vide. Mais à partir de la jonction en F, les deux voies C et D sont parcourues chacune dans les deux sens, attendu que les trappes J, auxquelles ces voies correspondent, reçoivent les trucs vides d'où ils s'éloignent chargés.

On verra dans l'explication spéciale de ces machines élévatoires que les treuils sont disposés de façon que les trappes, fonctionnant deux à deux, il passe alternativement par chacune une caisse chargée et une caisse vide.

ESTACADE ET MACHINES ÉLÉVATOIRES

PLANCHE 2.

L'estacade, ou la partie qui forme la tête du pont de service, est disposée spécialement pour recevoir le mécanisme destiné à l'enlèvement des caisses chargées des produits du dragage, et que des bateaux ou sapines amènent en cet endroit, pour être enlevées de là à la hauteur du tablier du pont.

La figure 1ʳᵉ en est une élévation dans le sens perpendiculaire à la direction des voies qui sont indiquées en section transversale;

La figure 2ᵉ est une vue de côté parallèlement à la même direction.

La batterie de pieux A qui la composent principalement, forme quatre travées qui correspondent chacune à une voie de service, au-dessous desquelles arrivent les bateaux B pour y être déchargés. Il existe deux planchers C et D, dont le premier reçoit les machines motrices et leurs chaudières, le second est de niveau avec les voies, et sert à recevoir les chariots ou trucs E sur lesquels on place les caisses pleines E'.

Le sommet du bâtis est réservé pour fixer les grandes poulies de renvoi F' et F².

Tout l'ensemble du mécanisme et de la construction peut se diviser en deux parties exactement symétriques desservant chacune deux voies séparément. Il existe, en effet, un treuil de chaque côté, commandé par une machine à vapeur.

Chaque treuil se compose de deux poulies en fonte F, montées sur un même arbre qui porte aussi une roue d'engrenage G ; celle-ci est commandée par un pignon G' fixé sur l'arbre moteur de la machine à vapeur à deux cylindres H, oscillant horizontalement et accouplés sur le même arbre.

J'ai cru devoir employer ici des câbles plats I pour enlever les charges, comme offrant, à résistance égale à la traction, une raideur bien moindre à l'enroulement que les câbles simples. Leur emploi est très-favorable à ce genre d'opération où les mouvements sont continuels et presque incessants; outre l'avantage qu'ils ont de durer plus longtemps qu'un câble rond, qui doit néces-

sairement se détériorer promptement par la résistance qu'il oppose à suivre la circonférence des tambours du treuil, les câbles plats présentent encore l'avantage plus sérieux de ne pas produire d'à-coups, attendu que les spires se superposent très-facilement et avec exactitude.

Les câbles I sont fixés ici par leur extrémité inférieure à chacune des deux poulies ou tambours F et s'élèvent jusqu'aux poulies de renvoi placées au sommet du bâtis en charpente. Celui des deux qui dessert la travée la plus extérieure s'enroule simplement sur la première poulie F', et l'autre correspondant à la deuxième travée doit naturellement passer sur une poulie de plus F², ce qui ne change en rien les fonctions du mécanisme.

En examinant de quelle façon les câbles sont fixés sur leurs tambours F, l'un par rapport à l'autre, on voit que leurs points d'attache sont diamétralement opposés, de façon que, pour un même mouvement de l'axe des tambours, l'une des charges monte pendant que l'autre descend : et c'est en effet ce qu'il est nécessaire de produire pour qu'une caisse chargée s'élève en même temps que l'autre descend à vide.

Les machines à vapeur sont nécessairement munies d'un mouvement de changement de marche pour permettre de faire tourner les treuils dans les deux sens alternativement.

D'après cette idée générale de la construction d'ensemble, il est aisé de comprendre comment on manœuvre avec ce mécanisme, très-simple d'ailleurs.

Les sapines B portant chacune quatre caisses pleines s'avancent dans les travées de l'estacade au-dessous des quatre voies. On suspend une caisse au câble du treuil, et arrivée à la hauteur du plancher D, elle le traverse par une trappe J ouverte rectangulairement, et s'élève au-dessus à une hauteur suffisante pour que l'on puisse faire avancer au-dessous le truc de transport qui doit la recevoir.

L'ouverture de la trappe J se ferme, en partie, après le passage de la caisse, par deux bascules K qui, une fois à leur place, se raccordent exactement avec la voie ferrée et permettent d'amener le wagon directement sous la caisse.

Pour mieux faire comprendre cette disposition, on a supposé, fig. 1re, que les deux trappes des travées intérieures sont ouvertes et préparées à l'ascension des caisses, pendant que celles extérieures sont fermées et reçoivent les wagons qui viennent d'amener une caisse vide et vont en prendre une pleine.

Ces trappes à bascules sont excessivement faciles à manœuvrer et conviennent mieux en pratique que des châssis mobiles dans le sens des voies : leur entretien peut être considéré comme nul.

La construction en est très-simple, et consiste dans un fort plateau de bois garni par-dessous, du côté intérieur de la voie, d'une longrine pour recevoir le rail plat; et sur la face inférieure à la rive opposée, d'une caisse remplie de cailloux pour faire contre-poids à la longrine.

Pour empêcher qu'un truc ne tombe par une trappe ouverte par l'inadvertance d'un homme de service, on a reconnu la nécessité de disposer des chaînes de garde fixées aux bascules mêmes, et qui se tendent ou se détendent suivant que la trappe est ouverte ou fermée.

DIMENSIONS ET DÉTAILS

DES PARTIES PRINCIPALES.

Mécanisme des Treuils

Les poulies ou bobines F, auxquelles sont fixés les câbles, sont composées de deux plateaux en fonte réunis par des boulons de manière à former une gorge pour retenir le câble.

Les plateaux des bobines sont garnis en outre de dix bras en bois de chêne pour augmenter au besoin la quantité de l'enroulement du câble et l'empêcher de sortir de la voie.

La roue d'engrenage G montée sur l'axe des bobines a 2^m180 de diamètre, et le pignon fixé sur l'arbre de la machine à vapeur, 0^m440; le rapport entre la vitesse des deux axes égale par conséquent :

$$2^m180 : 0^m440 = 4,95$$

Soit à peu près 5.

Les poulies de renvoi F' et F² sont également en fonte tournée ainsi que les joues ou rebords. Elles portent à fond de gorge 2^m de diamètre.

Caisses et Wagons de transport

Les figures 3 à 7 représentent ces deux appareils en détail à une échelle double des fig. 1 et 2 d'ensemble.

Figure 3e. Projection horizontale du truc, la caisse supposée enlevée;

Figure 4e. Élévation extérieure;

Figure 5e. Coupe longitudinale du wagon et de la caisse, détachés l'un de l'autre pour mieux les faire comprendre;

Figure 6e. Section transversale perpendiculaire à la précédente des mêmes pièces, et mêmes dispositions;

Figure 7e. Vue extérieure de bout du wagon et de la caisse dans la position que celle-ci occupe au moment de la décharge;

Les figures 8 et 9 représentent sous trois vues différentes le croisillon en fer L par lequel la caisse se rattache au câble.

La construction du truc et de la caisse présente beaucoup d'analogie avec ce qui se fait habituellement pour les grands travaux de terrassements.

Seulement j'ai remplacé les chapes qui réunissent ordinairement la caisse au chariot par un simple tasseau en chêne M qui ne fait que s'appuyer dans les collets ménagés à cet effet après les bords du truc.

Ce changement était d'une très-grande utilité dans cette circonstance où la caisse doit être détachée à tout instant du wagon pour le fixer au câble du treuil et se placer ainsi sur les sapines B.

Ce tasseau en chêne est du reste garni de plates-bandes en fer à l'endroit des points d'appui. Le versement se fait sur le côté, ainsi que les figures l'indiquent; mais je m'étais réservé au besoin de le faire verser en bout, en tournant d'un quart une partie du châssis du truc qui était rendue mobile à volonté, et fixée à demeure au moyen de boulons.

Il est urgent de porter tous les soins possibles dans la construction des wagons employés dans une grande entreprise semblable. On ne doit rien négliger, en effet, pour que les assemblages et ajustements soient de la plus grande solidité, afin de les préserver d'une prompte destruction qui ne tarderait pas à se produire par suite des chocs qu'ils ont continuellement à recevoir.

Pour l'entreprise dont il s'agit actuellement, cette portion du matériel comprenait soixante wagons complets et cent vingt caisses supplémentaires.

Une caisse cube, complétement chargée, $2^{m.c.}35$ à $2^{m.c.}45$.

Croisillons (fig. 8 et 9.)

Le croisillon de levage, ou double fléau L, se compose de deux traverses en tôle emboutie, reliées par leur milieu par un boulon N qui les laisse libres de pivoter l'une

2

sur l'autre. Il est terminé par un œil auquel vient s'assembler l'anneau dans lequel passe le câble qui forme une boucle solidement cousue.

Les quatre extrémités des traverses sont munies de chaînes en fer O auxquelles on suspend la caisse au moyen de chapes P, traversées par une cheville à talon qui puisse se saisir facilement à la main.

Sans insister davantage sur cet outil, d'ailleurs employé autre part, je ferai remarquer qu'il est d'un usage très-commode pour obtenir la stabilité de la charge qui s'y trouve suspendue en quatre points, et toujours bien équilibrée quelle qu'en soit la répartition.

Mais, on doit apporter un grand soin dans sa construction et surtout dans la qualité et l'ajustement du boulon d'attelage qui doit supporter l'effort total.

Bateaux porteurs ou Sapines

Les bateaux B qui amènent les graviers extraits par les dragues à l'estacade, doivent être d'une construction très-solide pour résister aux nombreux chocs qu'ils reçoivent. L'expérience a prouvé qu'il y avait une grande économie à les établir tout de suite convenablement, quel que soit le prix de revient.

Les caisses, au nombre de quatre, sont disposées sur deux longrines en charpente, fixées sur le fond.

La longueur d'une sapine est de 17 mètres, et la largeur maximum de 4^{m}15. Le nombre total exigé par le service est de 30.

Câbles plats

Les câbles provenant de la fabrique de MM. Chamonard, de Mâcon, et Plassou, de Châlon-sur-Saône, sont en chanvre d'Italie; ils portent 0^{m}190 de largeur sur 0^{m}044 d'épaisseur.

On a fait l'application de câbles provenant de deux modes différents de fabrication : ceux dits *au suif* et ceux goudronnés. Les premiers ont été reconnus meilleurs en raison de leur plus de souplesse et par conséquent de leur plus de durée, par la propriété qu'ils ont de s'enrouler plus aisément.

Machines à vapeur et Chaudières

Ces machines, du système de M. Cavé, conviennent parfaitement par leur simplicité et leur bonne construction, à une application de ce genre où l'entretien est nécessairement moins bon que dans un atelier ordinaire.

Il a été nécessaire d'adopter pour chaque machine deux cylindres accouplés qui rendent plus facile la marche alternative dans les deux sens, comme la manœuvre d'un treuil l'exige.

Les deux cylindres H sont horizontaux et oscillants. Ils sont montés chacun sur deux bâtis en fonte, boulonnés sur deux forts cadres en bois de chêne.

Les mêmes bâtis portent des paliers qui supportent l'arbre des manivelles. Celles-ci sont en fer forgé, emmanchées à chaud et à angle droit, à chaque extrémité de l'arbre qui porte aussi le pignon G' et un volant Q.

Le levier R par lequel s'opère le changement de marche est assemblé avec une tringle S qui se prolonge jusques auprès du treuil, afin que le mécanicien qui conduit cette opération puisse être placé convenablement pour suivre les mouvements de la caisse dans son ascension ou sa descente.

Les deux machines sont alimentées par deux chaudières T et T' de M. Laurent Chevalier, constructeur à Lyon.

L'une d'elles T est tubulaire et sans retour de flamme, et par conséquent sans fourneau en maçonnerie, elle présente 28 mètres carrés de surface de chauffe.

L'autre T' est composée d'un corps principal avec foyer intérieur et deux retours de flamme par des carneaux en brique. Sa surface de chauffe est de 27 mètres carrés.

Ce dernier système a été reconnu préférable au premier pour cette application spéciale, et n'a pas exigé de réparations.

CALCULS COMPARATIFS

DU TRAVAIL DES MACHINES A VAPEUR A LA QUANTITÉ DE MATIÈRE ÉLEVÉE.

D'après les dispositions du treuil, il n'existe de temps d'arrêt que celui nécessaire pour fixer la caisse à l'extrémité du câble, puisque pendant qu'il en monte une pleine, il en descend une vide.

En tenant compte de ces diverses causes d'arrêt, le temps employé pour élever une caisse chargée, du bateau qui la porte à la hauteur convenable pour la placer sur le truc situé sur la voie, peut être évalué de 15 à 20 secondes. Connaissant cette hauteur et le poids de la caisse chargée, il devient très-facile, d'après cela, de calculer la force motrice dépensée pour cette opération.

HAUTEUR TOTALE DE L'ASCENSION prise du fond du bateau

jusqu'à la partie supérieure du truc posée sur la voie. 16ᵐ50

Poids total de la caisse et son chargement. . . . . 5000 kil.

Temps maximum employé à effectuer l'ascension. . . . . 20 secondes

La force totale absorbée pour ce travail devient par conséquent

$$5000 \times 16.50 = 82.500 \text{ kilogrammètres}$$

Réduisant à l'unité de temps et en force de chevaux-vapeur, on trouve

$$\frac{82500}{75 \times 20} = 55 \text{ chevaux}$$

Travail développé par l'une des machines accouplées dans une seconde.

Pour établir la comparaison entre le résultat et la machine elle-même, voyons quelles sont ces conditions de marche :

Diamètre intérieur de l'un des cylindres. 0ᵐ250
Superficie. . . . . . id. . . . 488 cent. q.

Pression de la vapeur dans la chaudière.   5 atm.
Pression totale effective exercée sur le piston. . . . . 1952 kil.
Course du piston. 1ᵐ000
Nombre de révolutions par 1′ de l'arbre moteur. 70
Vitesse du piston par seconde. . . 2ᵐ333
Travail théorique en chevaux-vapeur, évalué d'après les données précédentes. . 60 ch. 6
Soit pour une machine accouplée. . . 121 ch. 2
Rapport de la puissance théorique à l'effet utile. 0,45
Surface de chauffe totale. . . . . 55ᵐ q.

Il est bon de remarquer que les deux chaudières, quoique ne présentant que la surface de chauffe correspondante à une seule machine accouplée, suffisait grandement aux deux, attendu que le travail réel et total développé par ces machines est inférieur au chiffre trouvé ci-dessus, puisqu'elles ne marchaient pas continuellement à cause des temps d'arrêt, comprenant la manœuvre des caisses, des wagons et des bateaux.

PLAN INCLINÉ

PLANCHE 3.

Les figures 1 et 2 représentent l'ensemble de cette construction en projections verticales et horizontales extérieures;

La figure 3ᵉ est une coupe transversale à une échelle double, de la travée qui comprend le treuil et sa machine motrice;

Et la figure 4ᵉ, une projection horizontale du chariot à l'échelle de 1/20 de l'exécution.

Cette seconde machine élévatoire a été établie à Collonges.

Elle était destinée à élever les graviers pour ballast, depuis le niveau de la Saône jusqu'aux remblais dont les voies étaient disposées à peu près parallèlement à son cours.

L'idée d'appliquer un plan incliné pour effectuer ce travail, est due à MM. Couvreux et Oberlin qui se sont aussi chargés de son exécution.

Dans l'endroit où il a été établi, la distance horizontale entre la voie de service et le point de la rivière accessible aux bateaux, qui amenaient les charges, est de 35 mètres, et la hauteur verticale entre ces mêmes points de 20 mètres, d'où la distance à parcourir en ligne droite et obliquement se trouve égale à 38 mètres.

Sa construction est, du reste, très-simple et très-commode tout à la fois. Il se compose de deux longrines en charpente A, supportées ensemble par un certain nombre de fermes B, aussi en charpente; la ferme la plus basse s'appuie contre une batterie de pieux C qui soutiennent aussi la poussée dans le sens de la longueur. Les autres fermes ont leur point d'appui sur le talus construit par la compagnie du chemin de fer.

Les deux longrines A sont garnies de deux rails en fer C, sur lesquels roule un chariot I; celui-ci est fixé à l'une des extrémités d'une chaîne E dont l'autre extrémité se rattache au tambour F d'un treuil monté à la partie supérieure du plan incliné, et qui est mû par une machine à vapeur verticale G, établie aussi sur la charpente du plan, entre les deux dernières travées supérieures.

La chaîne E est disposée, non-seulement pour entraîner le chariot le long du plan incliné, mais aussi pour enlever la caisse chargée du bateau-porteur qui l'amène.

Si l'on suppose, en effet, le chariot I au bas de sa

course, comme il est représenté figure 1", la chaîne partant de son point d'attache fixé après le chariot, et plus longue que le plan incliné, descend verticalement pour se relever ensuite en sens contraire, en s'appuyant sur une poulie H qui a ses supports fixés après le chariot même. Dans la boucle qu'elle forme ainsi se trouve une poulie à chape I' à laquelle vient se fixer la caisse au moyen d'une traverse en fer, munie de quatre chaînons doubles à crochets.

Les choses étant ainsi disposées, si on met le treuil en marche, on voit que la caisse devra d'abord s'élever verticalement et le chariot rester immobile. La disposition de la chaîne formant moufle, le poids de la charge se trouve divisé par deux ; mais une fois arrivé à la hauteur nécessaire, la chape de la poulie I' vient rencontrer un tasseau J, appartenant au chariot, au-dessous du point où est fixée la chaîne, et alors l'ascension verticale de la caisse étant arrêtée, l'action du treuil s'exerce sur le chariot pour le faire monter sur la voie inclinée, en entraînant la caisse avec lui. Pendant cette période du mouvement, la chaîne n'agit plus évidemment sur la charge comme un moufle, mais la résistance reste à peu près la même, attendu que l'inclinaison du plan étant d'environ 0™50 par mètre, l'effort à la traction est encore à peu près diminué de moitié.

Le tambour F du treuil sur lequel s'enroule la chaîne E se compose de deux plateaux en fonte, réunis par un certain nombre de pièces en chêne, formant un cylindre creux tourné extérieurement et garni d'une plate-bande en fer tourné en hélice, de façon à ménager une rainure entre chaque spire, pour recevoir les maillons de la chaîne.

L'un des plateaux en fonte porte une grande poulie à gorge F' pour recevoir le frein sur lequel on agit pendant la descente.

Le tambour F est monté fou sur son axe ; il en devient solidaire seulement quand on l'embraye, au moyen du manchon K. Son axe porte une roue d'engrenage L, commandée par le pignon L' qui se trouve fixé directement sur l'arbre moteur de la machine à vapeur G. Les paliers qui supportent l'axe du treuil sont fixés directement sur les longrines en charpente A, sur le prolongement même des rails.

Pour faire opérer l'ascension du chariot, on commence par mettre la machine à vapeur en marche, puis on embraye le tambour du treuil. Ainsi que je l'ai expliqué ci-dessus, la caisse s'élève d'abord verticalement jusqu'à ce que la chape de la poulie qui forme moufle ou décharge vienne à rencontrer la traverse en

chêne J, fixée au châssis du chariot ; à partir de cet instant, c'est le chariot qui monte.

Arrivée à l'avant-dernière travée supérieure, la caisse rencontre un butoir qui la fait incliner notablement. On arrête alors la machine ; puis un ouvrier spécial vient ouvrir une trappe ou porte de décharge appartenant à la caisse, et le gravier tombe sur un déversoir M qui le laisse s'écouler dans le wagon, amené directement au-dessous.

La caisse une fois vide, on débraye le tambour du treuil qui se met à tourner fou sur son axe, en laissant la chaîne se dévider sous l'influence du chariot qui descend par son propre poids, mais dont on modère la descente au moyen du frein placé sur la poulie F'. Le chariot rencontre au bas de sa course un heurtoir, en charpente N, construit très-solidement à l'extrémité inférieure des longrines, destiné à limiter sa descente et à lui donner un point d'appui pendant l'ascension verticale de la caisse.

Lorsque le chariot est arrêté, la caisse descend verticalement, puis elle est replacée sur le bateau et remplacée par une pleine ; l'opération recommence ensuite de la même façon que précédemment.

On peut avec ce mécanisme élever jusqu'à cinquante mètres de gravier à l'heure. On pourrait, en en disposant un second parallèlement, obtenir un produit double, et plus économiquement, en accouplant les treuils de façon qu'une caisse montât vide dans le même temps qu'il en monte une pleine.

CALCUL DE LA PUISSANCE
DE LA MACHINE MOTRICE ET DE LA FORCE ABSORBÉE.

Le cylindre a de la machine à vapeur est monté sur un bâtis ménagé au-dessus du wagon qui reçoit la décharge de la caisse.

Le piston a 0™26 de diamètre et 0™80 de course. Sa tige attaque une bielle b assemblée avec la manivelle e, fixée sur l'arbre moteur d, qui porte le pignon L' et un volant c. D'après le détail de la manœuvre, on a pu voir que cette machine ne doit marcher que dans un seul sens et ne possède pas par conséquent de changement de marche.

La chaudière qui fournit la vapeur est placée dans la travée voisine et suspendue à la charpente par des tirants en fer ; elle est complétement entourée de sable pour éviter le refroidissement ; ce sable est maintenu par une simple caisse en bois.

La chaudière est de forme elliptique avec foyer

intérieur. Elle a $1^m 60$, suivant son grand axe, et $0^m 95$ dans le sens du petit; sa longueur totale est de $4^m 50$. Elle représente en tout 18 mètres carrés de surface de chauffe, et peut produire de la vapeur à 5 atmosphères, en quantité plus que suffisante à la consommation.

On a utilisé l'échappement de la vapeur pour activer le tirage de la cheminée et réchauffer l'eau destinée à l'alimentation.

Il est facile d'estimer la quantité de travail absorbé par cette machine, par l'effort exercé à la circonférence du treuil F, et la vitesse avec laquelle il se meut. Une caisse pleine pesait environ 4,500 kilogr. La vitesse de la machine à vapeur étant moyennement à raison de 40 à 45 révolutions à la minute, en marche normale, comme les roues L et L′ sont dans le rapport de 5 est à 1, il s'ensuit que le tambour F peut faire environ 8 à 9 tours dans le même temps.

D'après cela son diamètre étant de 1 mètre, sa vitesse par seconde à la circonférence, et par conséquent celle que la charge possède dans son ascension sur le plan, devient dans les conditions les plus ordinaires :

$$V = \frac{1^m \times 3.14 \times 8}{60} = 0^m 42$$

La charge qui fait résistance au mouvement du treuil étant égale à 4,500 kilogrammes, mais diminués de moitié par l'influence du plan incliné, ou par le moulage de la chaîne, pendant l'ascension verticale de la caisse, la force absorbée en chevaux et par seconde est par conséquent :

$$F = \frac{2250 \times 0^m 42}{75} = 12.60 \text{ chevaux}$$

La puissance nominale de la machine était, en effet, représentée par ce chiffre, plus un certain excédant de force motrice absorbée comme toujours par les diverses résistances passives.

En admettant cette vitesse de $0^m 42$ par seconde pour l'ascension de la caisse sur le plan incliné, dont le parcours est environ de 34 mètres, cette ascension s'effectuait en 70 secondes à peu près, et le temps nécessaire pour une opération complète, c'est-à-dire l'ascension, la descente à vide, la décharge et l'accrochage, durait moins de 3 minutes. On pourrait réellement faire 23 à 25 charges par heure, et chaque caisse contenant $2^{mc} 10$, on trouve, pour le volume total élevé dans une heure :

$$2^{mc} 10 \times 25 = 52.50$$

Ces chiffres sont parfaitement appuyés par les résultats pratiques qui ont donné 50 mètres cubes, ainsi que je l'ai annoncé ci-dessus.

GRUE A VAPEUR

PLANCHE 4

Cette autre machine élévatoire a été imaginée et construite, il y a environ une dizaine d'années, par M. Crepet, de Châlon-sur-Saône, et a été améliorée et employée depuis avec succès par M. Jacquelot, de Mâcon.

Elle présente beaucoup d'avantages à être appliquée lorsque la distance verticale à faire parcourir à la charge est peu considérable. Elle peut s'installer facilement, et être transportée d'un endroit à un autre sans exiger de construction importante. Ainsi que les précédentes, elle permet l'emploi de la vapeur, comme force motrice, mais, pour atteindre ce résultat, on a dû nécessairement placer la machine à vapeur sur le plateau même de la grue qui tourne avec elle dans le mouvement du transport horizontal de la charge, lorsqu'elle est parvenue à la hauteur requise.

La figure 1re de la planche 4 est une élévation extérieure de la grue regardée de la voie parcourue par les wagons de transport;

La figure 2e en est une projection horizontale correspondante;

La figure 3e est une vue de côté, également extérieure, la voie représentée en section transversale;

Les figures 4 à 7 sont des vues de détail représentant la caisse qui sert à opérer le transport du gravier.

Détails de la charpente

L'installation de la grue se fait au moyen d'un plancher en charpente A monté sur une batterie de pieux B, dont une partie est battue dans le lit même du fleuve, et l'autre dans le terrain que forme la rive, et qui reçoit les voies de service. Ce plancher se trouve raccordé de niveau avec la voie et s'avance plus ou moins loin au-dessus du fleuve, suivant le profil du terrain.

Toute la charpente de la grue, ainsi que son mécanisme, repose sur un fort pivot en bois de chêne C, sur lequel tout le système peut tourner horizontalement. Ce pivot est assemblé à sa partie inférieure avec deux semelles D, disposées en croix, et reposant sur quatre pilots spéciaux. La moitié inférieure de sa hauteur est taillée à huit pans pour faciliter son assemblage avec les quatre pièces en écharpe E, qui viennent s'appuyer contre les branches de la croix et le maintenir rigidement dans la verticalité.

La partie supérieure du pivot est garnie d'une pièce en fonte qui reçoit le pointal en acier F, sur lequel repose directement la flèche G.

La flèche est reliée par un grand nombre de pièces de charpente a, avec un bâtis H également en bois, qui reçoit tout le mécanisme. La liaison entre la flèche et ce bâtis est opérée en sus de cela par quatre tirants en fer b, qui, partant d'un même point de la flèche, au-dessus du centre du pivot, vont se rattacher aux quatre angles du bâtis, afin de mieux établir l'équilibre de la charge.

Le pivot C, à son passage au travers du bâtis H, est garni d'une frette en fer, contre laquelle roulent des galets appartenant au bâtis pour faciliter le mouvement de rotation, qui doit se donner nécessairement à bras.

Néanmoins, cette manœuvre a pu être exécutée depuis, à l'aide d'une petite machine à vapeur, ordinairement connue sous le nom de *petit-cheval*.

Mécanisme du Treuil

La chaîne I, avec laquelle on soulève la charge, passe sur la poulie J, montée à l'extrémité supérieure de la flèche, qui est garnie dans cette partie d'une semelle G', afin de ne pas se trouver affaiblie par les entailles nécessaires pour l'ajustement de la poulie et le passage de la chaîne. La charge se trouve suspendue par une traverse en fer K, à quatre chaînons, comme dans la machine élévatoire précédente, et cette traverse elle-même est rattachée à une poulie L, entourée par la chaîne qui s'accroche après la flèche, de façon à produire l'effet d'un *moufle*, et diminuer de moitié le tirage du treuil.

Le tambour M, sur lequel s'enroule la chaîne, est formé de douves en bois fixées sur deux croisillons en fonte. Sa surface cylindrique est taillée suivant une rainure hélicoïdale, dont les intervalles saillants sont garnis d'une plate-bande en fer, pour mieux résister au frottement des maillons de la chaîne. Son axe est retenu par des supports fixés au-dessous du bâtis H, qui est percé d'une ouverture rectangulaire dans cette partie pour le passage du tambour.

La poulie N du frein est montée sur le même axe; elle est fondue de la même pièce que la première roue d'engrenage par laquelle l'axe du tambour est mis en mouvement. Cette roue, qui est du même diamètre que le tambour, est commandée par un pignon O, fixé sur l'arbre intermédiaire c; celui-ci est muni à son autre extrémité d'une roue P, qui engrène avec le deuxième pignon Q, dépendant de l'arbre d, actionné directement par la machine à vapeur, et qui porte le volant R.

Le premier pignon O est muni d'un manchon de débrayage, afin de pouvoir isoler le treuil du mouvement de la machine motrice. Cette manœuvre s'exécute, en effet, chaque fois que la caisse est arrivée à la hauteur voulue. Après son déchargement, le treuil reste par conséquent débrayé pendant tout le temps employé à la descente de la caisse pour le replacer dans le bateau qui l'a amené.

Il est aussi nécessaire de débrayer chaque fois que l'on veut alimenter la chaudière sans faire fonctionner la grue; dans lequel cas la machine à vapeur, qui fait mouvoir la pompe alimentaire, doit néanmoins marcher.

CALCUL DE L'EFFORT EXERCÉ

On sait que le travail d'une machine disposée pour élever des fardeaux, peut s'estimer par son effet dynamique, évalué en kilogrammètres, ou par l'effort de traction directe qu'elle exerce, sans tenir compte des chemins parcourus par le point d'application de la charge. Je commencerai d'abord par adopter cette dernière méthode, attendu que les pièces qui composent le mécanisme doivent aussi bien résister à la charge lorsqu'elle a terminé son ascension et qu'elle est immobile, que pendant qu'elle se meut. C'est, du reste, le mode généralement employé en pareil cas, sauf ensuite à réduire en unités de travail pour faire l'application du moteur.

Ainsi que je l'ai précédemment dit, la caisse remplie de matière draguée peut être évaluée à 4,500 kilogrammes en moyenne.

Comme la chaîne est moufflée un brin simple supporte la moitié de ce poids, soit :

Traction sur la chaîne égale. . . 2,250 kil.

Effort exercé directement à la circonférence du tambour M, par celles de la roue N et du pignon O qui la commande.

Le pignon O étant monté sur le même axe e que la roue P, l'effort à la circonférence de cette dernière doit être en raison inverse de leurs diamètres.

Les diamètres égalent :

Pignon O. . . . . . . 240 mil.
Roue P. . . . . . . 750 —

L'effort à la circonférence de cette roue et du deuxième pignon Q correspondant devient :

$$2250 \times \frac{240}{750} = 720 \text{ kil.}$$

Cet effort étant multiplié par le rapport inverse du rayon du pignon Q à celui de la manivelle motrice e, tous deux dépendants de l'arbre principal, donne l'effort moyen que le piston à vapeur doit exercer par cette manivelle pour faire équilibre à la charge.

Rayon du pignon Q. . . . 154 mil.
— de la manivelle. . . 250 —

On trouve donc :

$$720 \times \frac{154}{250} = 442 \text{ kil.}$$

pour l'effort cherché.

Chaudière et Machine à vapeur

La chaudière S qui fournit la vapeur est tubulaire avec foyer intérieur ; la surface de chauffe est de 18 mètres carrés. Son poids qui est d'environ 3,000 à 3,500 kilog. se trouve utilisé pour faire équilibre en partie à la charge et aux autres pièces du mécanisme situées à l'autre extrémité du châssis H.

La vapeur qui s'échappe du cylindre après avoir produit son action sur le piston, passe dans une capacité f où elle réchauffe l'eau destinée à l'alimentation, et passe ensuite dans la cheminée dont elle active le tirage.

Le cylindre g de la machine à vapeur est simplement boulonné sur une plaque de fondation en fonte fixée directement sur le châssis H.

La pompe alimentaire est disposée au-dessous du cylindre à vapeur ; elle est mue directement par la traverse du piston et possède par conséquent la même course.

Quant à ses dimensions principales, elles sont :

Diamètre du piston. . . . . 240 mil.
Superficie correspondante. . . 449 cent. carrés.
Course. . . . id. . . . . . 500 mil.
Pression effective de la vapeur
par centimètre carré. . . . . 4 kil.

En comparant ces dimensions avec les efforts à exercer suivant ce que l'on a pu voir plus haut, et en supposant, ce qui est réellement, que la charge s'élève avec une vitesse de $0^m 15$ par seconde, on en déduit que la puissance de la machine est moyennement égale à 10 chevaux, bien qu'elle puisse produire davantage.

On peut établir, en effet, le raisonnement suivant.

La charge s'élevant à la vitesse de $0^m 15$ par $1''$, la chaîne qui est mouflée doit, ainsi que la circonférence du tambour, parcourir $0^m 30$ dans le même temps, ce qui donne pour la vitesse de rotation du tambour, dont le diamètre égale 1 mètre,

$$\frac{0^m 30 \times 60''}{1^m \times 3.14} = 5,7 \text{ révolutions par minute.}$$

D'après les dimensions des engrenages, telles qu'elles sont données ci-dessus, les autres arbres de transmission ont pour vitesses :

Arbre intermédiaire c. . . . $24^t,7$
Arbre moteur d. . . . . . 62 ,4

Soit, pour ce dernier, 60 tours par minute en nombre rond. Or, à cette vitesse, celle du piston se trouve être précisément de 1 mètre par seconde, pendant que la manivelle décrit un cercle, dont le diamètre étant aussi égal à $0^m 50$, a par conséquent $1^m 57$ de circonférence. Comme on a vu que l'effort exercé par cette manivelle est d'environ 442 kilog., en comparant les chemins parcourus par elle et par le piston, on trouve pour la pression effective réelle sur ce dernier :

$$442 \times \frac{1^m 57}{1.00} = 694 \text{ kil.}$$

La puissance de la machine se trouve être en résumé :

$$\frac{694 \times 1^m 00}{75} = 9^m 25$$

En calculant directement le travail absorbé par l'élévation de la charge, on trouve

$$\frac{4.500 \times 0^m 15}{75} = 9 \text{ chevaux}$$

En cherchant à évaluer la puissance de la machine, directement d'après les dimensions et la tension de la vapeur, et à la même vitesse de 60 tours par minute, on trouverait davantage ; et il doit en être ainsi, attendu qu'indépendamment du travail utile produit, on doit vaincre d'abord les diverses résistances passives de la machine même et celles du mécanisme du treuil, ce qui ne peut être moins de 50 °/₀ de la puissance théorique du moteur.

Je dois ajouter de plus qu'on faisait marcher la machine à une vitesse qui atteignait souvent 90 à 100 tours par minute, ce qui donnerait pour l'ascension de la charge, de 23 à 25 cent. par 1", et qui représentait au moins une force absorbée égale à 14 ou 15 chevaux.

Manœuvre de la Grue

En raison de la facilité que présente cette machine de tourner sur elle-même à volonté, les bateaux qui amènent les caisses S' chargées du gravier extrait par le draguage peuvent s'approcher indifféremment d'un côté ou de l'autre du point où elle se trouve établie.

La manœuvre consiste donc simplement à faire virer la grue de façon à amener la chaîne au-dessus du bateau, puis à la faire descendre, et remplacer la caisse vide par une pleine, ainsi que cela se fait pour les premières machines élévatoires décrites ci-dessus; néanmoins avec cette différence qu'ici la caisse n'est pas déposée sur le wagon, qui a la sienne pour recevoir la décharge de celle enlevée par la grue.

A partir du moment où la caisse pleine est suspendue après la chaîne, on met le treuil en mouvement en embrayant le pignon O et en mettant la machine à vapeur en marche.

Le mouvement ascensionnel est continué jusqu'à ce que la caisse soit parvenue à la hauteur de la barre d'arrêt A du déversoir i.

Le déversoir est simplement un plan incliné construit en planches et fixé sur des potences en charpente qui sont assemblées aux deux pieux B', établis dans ce but, auprès de la voie de service; ce plan incliné est à une hauteur et dans une direction convenable pour que les wagons T et leurs caisses puissent se présenter au-dessous et recevoir la charge.

Cette même charpente supporte un plancher j sur lequel se tient l'ouvrier qui doit recevoir la caisse pleine et ouvrir sa porte de décharge.

Au fur et à mesure que la charge s'élève, on fait tourner la grue de manière à engager la caisse entre les deux pieux B'; en continuant son ascension, elle rencontre la barre d'arrêt qui la fait s'incliner d'une certaine quantité et la dispose pour la décharge.

La barre d'arrêt h peut être une forte pièce de bois ou même un bout de rail boulonné avec les deux pieux. La caisse S' qui est représentée en détails, figures 4 à 7, est munie de deux équerres en fer k qui prennent leurs points d'appui contre la barre d'arrêt au moment où la caisse commence à s'incliner, et l'empêchent ainsi de s'en échapper.

En résumé, par ses dispositions perfectionnées, cette machine m'a permis d'élever moyennement de 60 à 65 mètres cubes de gravier par heure, et à une hauteur de 6 mètres.

DRAGUES A VAPEUR

PLANCHES 5, 6, 7 ET 8

Les dragues à vapeur employées aux travaux d'extraction présentent diverses dispositions qui sont justifiées chacune par la nature même du travail à exécuter.

Leurs différences caractéristiques sont surtout dans le nombre et la disposition des chaines à godets qui sont doubles ou simples, verticales ou inclinées pour un même bateau.

Les dragues à deux élindes inclinées sont évidemment les plus coûteuses d'installation, mais elles ont des avantages sur les autres, ce qui compense bien leur prix élevé.

Avec deux chaînes on n'éprouve pas d'interruption dans le travail si l'une d'elles vient à exiger des réparations, car on peut opérer avec un seul côté de la drague et produire un travail fructueux. On peut aussi faire des passes sur une largeur relativement plus considérable, par rapport au mouvement du bateau, que lorsque la drague n'est qu'à une seule élinde.

On concevra facilement que l'inclinaison des échelles, qui est nécessairement variable, donne aussi la faculté d'attaquer les terrains à des profondeurs différentes.

Lorsqu'on est susceptible de rencontrer des résistances capables de produire de fréquentes avaries, les réparations sont plus faciles et il est plus aisé de retirer des godets les corps lourds qui peuvent produire des accidents par leur chute sur les tabliers déverseurs. Et en supposant que cet effet se produise, il est beaucoup moins dangereux que lorsque la chaîne est placée au milieu de la largeur du pont du bateau.

Les dragues à une seule élinde inclinée rendent néanmoins des services par la simplicité de leurs manœuvres et le peu de place qu'elles occupent.

L'inclinaison de l'élinde leur donne, du reste, une partie des avantages possédés par le système précédent.

Quant aux dragues dont la chaîne est disposée verticalement, elles sont employées avec avantage pour

extraire du gravier pour remblai et à de grandes profondeurs.

A la suite de celles que je viens de citer, j'ai
décrit un système particulier qui a été imaginé pour
faire un travail spécial. Il s'agissait d'opérer des fouilles
dans un terrain vaseux pour la construction des viaducs
de la Thalie et du Grison, ligne du chemin de fer de
Lyon. Ces travaux devaient s'exécuter dans un temps
très-court, de façon qu'il devenait nécessaire d'employer des procédés de terrassement plus expéditifs
que ceux habituels, qui auraient, du reste, été insuffi-
sants, en raison de la nature du sol.

Messieurs les ingénieurs chargés de la direction des
travaux m'ont demandé de combiner une drague qui fût
susceptible de se transporter et de se manœuvrer facilement, quoique ne pouvant pas être montée sur un
bateau.

J'ai donc construit cette drague sur un bâti où la
chaîne à godets pouvait se déplacer parallèlement à
elle-même; ce plateau formant, lui aussi, un chariot
qui roulait sur deux rails, la drague était ainsi mobile
dans les deux sens.

On conçoit, d'après ce premier aperçu, combien un
tel outil peut être commode pour exécuter très-régu-
lièrement des fouilles et avec beaucoup de promptitude.
Le mouvement était donné à la chaîne à l'aide d'une
machine à vapeur, comme dans les autres dragues.

Toutes ces machines, à l'exception de la dernière,
quoique généralement connues, méritent une notice
particulière à cause de leur destination spéciale à l'entreprise dont il s'agit ici. Il n'est pas inutile de faire
connaître la quantité de travail qu'elles peuvent produire, question qui reste le plus souvent indéterminée
ou au moins douteuse, attendu que les dragues sont
assez généralement un peu négligées sous le rapport
de l'entretien, et puis qu'aussi on ne se trouve pas
toujours dans l'obligation d'opérer sur une aussi vaste
échelle et dans un temps déterminé.

DRAGUE A VAPEUR A DEUX ÉLINDES INCLINÉES

PLANCHE 5

La planche cinquième représente une drague à deux
élindes inclinées, suivant trois vues d'ensemble principales.

La figure 1ʳᵉ en est une vue longitudinale, en élévation extérieure ;

La figure 2ᵉ est une projection horizontale également extérieure, le plancher qui recouvre le mécanisme
supposé enlevé, ainsi qu'une partie de la charpente
qui supporte les pièces principales ;

La figure 3ᵉ représente une section transversale faite
suivant l'axe qui porte les chaînes et leur donne le
mouvement ;

Les figures 4 et 5 sont des détails à une plus grande
échelle, de l'un des paliers de cet axe.

Ensemble du Mécanisme

Les deux chaînes à godets ou élindes A sont disposées de chaque côté du bateau B; leurs échelles a s'ap-
puient sur deux arbres horizontaux C qui donnent le
mouvement aux chaînes à godets. Ces deux arbres sont
commandés isolément par une machine à vapeur D qui
leur transmet le mouvement au moyen de deux paires
d'engrenages composées des deux pignons E, fixés,
ainsi qu'un volant G, sur l'arbre moteur b, et engrenant
avec les deux roues F.

Les pignons E sont montés fous sur l'arbre qui les
porte. Ils n'en deviennent solidaires que par des manchons d'embrayage r qui les relient au moyeu du volant G. L'assemblage de ces manchons avec le volant
se fait par des plateaux à friction qui forment freins et
dont on peut régler l'énergie à volonté en serrant plus
ou moins les boulons.

On comprend que cette disposition offre le grand
avantage de prévenir les accidents qui pourraient se
manifester dans la machine, si une trop forte résistance
avait lieu brusquement, en lui permettant dans ce cas
de continuer son mouvement sans entraîner les pignons,
après avoir surmonté le frottement développé par le
serrage des plateaux.

Le volant est formé de deux couronnes en fonte
entre lesquelles on en a ménagé une de bois qui peut
être tournée en gorges pour recevoir des cordes ou
courroies, de façon à utiliser la machine à vapeur pour
commander au besoin une roue à tympan ou autre
machine d'épuisement.

4

La machine à vapeur D et sa chaudière H reposent directement sur le fond du bateau, au-dessous du pont; le mécanisme est enfermé dans une chambre I, formée de cloisons en menuiserie, et recouverte par un plancher J qui est prolongé jusqu'à l'extrémité d'arrière pour abriter les hommes qui font le service des treuils.

L'arbre moteur de la machine à vapeur et ceux qu'il commande sont montés sur une charpente composée de traverses c supportées par des poteaux d; mais, comme il est urgent de maintenir les axes C très-solidement, on est obligé pour éviter le porte à faux qui serait occasionné par le poids des échelles des tambours et des chaînes, de les supporter de plus en dehors par des étriers en fer e qui sont boulonnés avec deux chevrons f reliés ensemble par trois fortes traverses g. Ces traverses sont placées transversalement au-dessus du plancher J; celle qui se trouve située à l'extrémité porte aussi les poulies de renvoi h sur lesquelles passent les chaînes i qui servent à relever les échelles des godets.

Ainsi qu'on le fait habituellement, le bateau est pourvu de deux treuils K, l'un à l'avant et l'autre à l'arrière, pour le *touage*, c'est-à-dire pour le faire avancer ou reculer au moyen de deux chaînes j qui sont amarrées en deux points fixes pris sur le cours de la rivière.

Le mouvement latéral de la drague s'opère de la même façon à l'aide des deux autres treuils I, sur lesquels s'enroulent les deux chaînes k. Comme le tirage de ces chaînes a lieu suivant un certain angle par rapport à leur direction primitive, qui est celle de l'axe du bateau, elles doivent passer sur deux galets de renvoi k', placés tout à fait à l'extrémité du pont, pour diminuer autant que possible l'obliquité du tirage.

Cette partie du pont reçoit aussi les deux treuils M sur lesquels s'enroulent les deux chaînes i qui supportent les échelles a par leurs extrémités inférieures, et par lesquelles on règle leur inclinaison suivant les différentes profondeurs que l'on désire atteindre.

Les godets N déversent les matières qu'ils ont élevées sur deux tabliers en tôle O, établis de chaque côté du bateau dans une position inclinée.

Ces tabliers sont formés chacun de deux parties réunies ensemble par une charnière; cette disposition permet à l'ouvrier chargeur d'en régler l'inclinaison convenablement, ce qu'il fait, au moyen des deux treuils P, fixés extérieurement après les flancs de la drague.

Ils ont aussi la propriété de se rapprocher ou de s'éloigner à volonté de la tête de chaque élinde, pour régler plus facilement le point de versement. On a obtenu ce résultat en les accrochant à une tringle horizontale sur laquelle on les fait glisser au moyen d'une vis l dont l'axe porte une manivelle l', et qui passe dans un écrou fixé au bord du tablier.

Ces tabliers sont établis en forte tôle de $10^{\text{mill.}}$ d'épaisseur pour la portion qui reçoit le choc des matières tombant des godets, et de $5^{\text{mill.}}$ pour la partie qui forme le prolongement à charnières. Il est, en effet, très-nécessaire de les faire d'une grande solidité, non-seulement à cause des chocs continuels qu'ils reçoivent, mais aussi en raison de l'usure qui se manifeste très-rapidement par l'effet du frottement du sable et du gravier mouillé.

DÉTAILS DES PARTIES PRINCIPALES

Chaînes à godets

Les échelles sont formées de deux pièces principales en bois de sapin a de 0,300 de largeur sur 0,180 d'épaisseur; leur longueur totale est de $10^{\text{m}}500$. Elles sont réunies par des entretoises et des croix de Saint-André. Dans les parties qui sont susceptibles d'éprouver un frottement de la part du bateau ou des godets, on a eu le soin de les garnir de plates-bandes de fer de 5 mill. d'épaisseur.

Elles ont chacune leur point fixe sur l'arbre du tambour qui commande la chaîne et qui constitue leur centre d'oscillation. Je dirai que l'on doit à cet égard un perfectionnement très-important à M. Cavé.

Au lieu de prendre l'arbre directement pour point d'appui, ce qui donnait à la machine un surcroît de résistance égal au frottement dû à plus de la moitié du poids de chaque échelle, ce constructeur a imaginé de prendre les supports mêmes de l'arbre pour tourillons. Ils portent, à cet effet, une gorge dans laquelle se trouve engagé le collier m fixé sur chaque montant des échelles, au point d'oscillation, de façon que l'arbre dans sa rotation n'éprouve réellement que la résistance résultant du mouvement qu'il communique au tambour, et par suite à la chaîne à godets.

Les figures 4 et 5 représentent précisément l'un de ces colliers. C'est à proprement parler un simple palier ordinaire, mais dont le chapeau est remplacé par une bride en fer m', qui ne sert qu'à l'empêcher de s'échapper de son tourillon, attendu que la pression est toujours dirigée dans un seul et même sens.

J'ai introduit encore un autre perfectionnement, non moins utile que le précédent.

Pour cette drague, ainsi que pour les suivantes, j'ai disposé les colliers *m* de façon à pouvoir régler à volonté leurs places sur les montants de chaque échelle, et par suite, donner à la chaîne la tension qui lui convient.

La semelle de chacun de ces colliers est terminée à cet effet par un bossage percé d'un trou auquel vient se rattacher une vis m^2 (fig. 1ʳ) qui a son écrou fixe par rapport au montant *a*.

Il en résulte qu'en tournant cette vis plus ou moins, avant de fixer chaque collier *m* à demeure, on fait varier sa position, ce qui éloigne ou rapproche les tambours T et T' l'un de l'autre, et permet de donner facilement à la chaîne qui porte les godets la tension désirable.

Les tambours en fonte T qui communiquent le mouvement aux chaînes à godets sont formés de deux plateaux et d'une partie carrée de 0ᵐ700 de côté pour recevoir les maillons de la chaîne. Les angles de cette partie s'useraient très-rapidement s'ils n'étaient garnis d'une forte équerre en fer bien boulonnée qui supporte alors tout l'effort de l'usure. Lorsque cette garniture est usée, il suffit de la remplacer, sans avoir aucunement à toucher à la pièce principale.

Les godets N sont exécutés en tôle de 5 mill. d'épaisseur. Ils sont percés de trous pour laisser écouler l'eau qu'ils élèvent avec le sable.

Le bord supérieur qui doit agir pour entamer le terrain est garni d'une bande d'acier qui n'a pas moins de 100ᵐⁱˡ. de largeur sur 12 d'épaisseur.

La chaîne repose sur des rouleaux en fonte *n* dont les axes sont maintenus dans des supports en bois *n'*, fixés sur les montants de l'échelle.

Construction du bateau

La coque du bateau est construite avec de la tôle de fer de 5ᵐⁱˡ. d'épaisseur. Il porte 5 mètres de largeur sur 23 de longueur.

Ses deux flancs sont munis de planchers à claires-voies Q, ayant la même saillie que les élindes, pour garantir celles-ci du choc des bateaux qui viennent pour recevoir les matières draguées.

Machine et Chaudière à vapeur

La machine à vapeur se compose simplement de son cylindre D, monté sur une plaque de fondation *p*, boulonnée sur un bâti en charpente *p'* qui est établi sur la membrure même du bateau. Les guides de la tringle du piston sont fixés sur des oreilles venues de fonte après le cylindre, de façon à rendre la construction de la machine tout à fait indépendante du reste de la charpente.

Le mouvement du piston se communique à l'arbre *b* des pignons de commande E, au moyen de la bielle *q* et de la manivelle en fer forgé *q'*, clavetée sur l'arbre.

La machine est à détente variable depuis 1/5 jusqu'à la course entière du piston.

Le piston a 310 mill. de diamètre et 900 de course; la pression de la vapeur dans la chaudière peut aller jusqu'à 6 atmosphères.

Cette chaudière est à foyer intérieur et à double parcours de flamme. Son corps principal a 1ᵐ250 de diamètre et 6 mètres de longueur.

Elle présente en résumé une surface de chauffe de 27 mètres carrés.

L'alimentation se fait comme à l'ordinaire au moyen d'une pompe R mise en mouvement par la machine à vapeur : mais on a cru nécessaire d'y joindre l'appareil spécial S, connu sous le nom de petit cheval, qui continue l'alimentation pendant les moments d'arrêt.

La machine à vapeur, ainsi que sa chaudière, pourraient donc correspondre très-facilement à une puissance d'au moins 20 chevaux : mais celle qui est ordinairement absorbée par la drague, ne dépasse pas 12 à 15.

CALCUL DU TRAVAIL PRODUIT PAR LA DRAGUE

La vitesse de l'arbre des tambours est ordinairement réglée à 11 tours par minute, ce qui donne nécessairement 22 godets qui passent dans le même temps. Comme la capacité totale de chacun d'eux est égale à 85 litres, on aurait, en supposant qu'ils fussent entièrement remplis :

$$85 \times 22 = 1870 \text{ litres}$$

de matières extraites dans chaque minute et par chaque chaîne.

Le produit correspondant pour les deux chaînes et pour dix heures de travail serait :

$$1870 \times 60 \times 10 \times 2 = 2,244,000$$

C'est-à-dire un produit total de 2,244 mètres cubes.

Mais, même dans les meilleures conditions de marche, le draguage ne peut avoir lieu sans interruption, pour une infinité de causes, parmi lesquelles on peut citer, comme essentielles, la manœuvre des bateaux de décharge; les godets ne sont pas toujours entièrement remplis; et puis il arrive des avaries plus ou moins fréquentes suivant la nature du terrain; d'où il n'est pas possible, de toutes façons, d'atteindre ce résultat qui ne doit être considéré que théoriquement.

La quantité réelle de matière extraite avec cette drague, ou toute autre établie dans d'aussi bonnes conditions, ne passe pas néanmoins de 800 à 1000 mètres cubes avec un bon travail de 10 heures par jour.

On peut d'après cela déterminer le rapport du produit théorique à l'effet utile, qui se trouve être au maximum :

$$1000 \div 2244 = 0.445$$

Soit un peu moins de 45 pour 100.

DRAGUE A UNE SEULE ÉLINDE INCLINÉE

PLANCHE 6

J'ai dit, en parlant de ce système de drague, qu'il présentait l'avantage de permettre d'opérer dans des espaces plus resserrés que celles à deux élindes; aussi celle que représente la planche 6° a-t-elle été établie pour faire les fouilles nécessaires à la construction des piles de ponts, pour draguer dans les canaux, et en général pour pouvoir manœuvrer dans les endroits peu spacieux, ou pour faire des travaux ayant eux-mêmes peu d'étendue.

Dans ces conditions un appareil semblable est certainement très-avantageux, en raison de sa simplicité et de la facilité de sa manœuvre.

La figure 1ʳᵉ en est une section longitudinale suivant la ligne brisée A B C D de la figure 2 ;

La figure 2°, une projection horizontale complétement extérieure ;

La figure 3° est une section transversale, faite en arrière des chevalets qui servent de supports à l'arbre de la chaîne ;

Les figures 4 et 5 représentent en détail l'un des tambours de la chaîne, en tout semblable d'ailleurs à ceux de la drague précédente.

La chaîne A est en effet construite de la même façon que les précédentes, mais la coque du bateau B diffère nécessairement en raison de l'ouverture pratiquée pour le passage de l'élinde qui occupe le milieu de sa largeur.

Comme la chaîne doit pouvoir varier d'inclinaison, le vide ménagé pour son passage existe sur presque la moitié de la longueur du bateau, qui se divise en deux branches depuis la verticale passant par l'axe des tambours supérieurs de l'échelle.

L'axe C des tambours et l'arbre moteur b de la machine à vapeur D sont montés sur un bâti en charpente composé de deux chevalets c reliés à la partie supérieure par des traverses d; ils sont de plus reliés entre eux par des croix de Saint-André pour leur donner toute la rigidité désirable. L'ensemble de cette charpente a pour semelles quatre longrines e fixées directement sur le fond du bateau.

A part ce bâti principal, l'extrémité de l'arbre b, opposée à la manivelle motrice, est supportée par un troisième chevalet c' pour éviter le porte à faux considérable qui résulterait sans cela de l'isolement de l'arbre, qui reçoit dans cette partie le volant, l'embrayage du pignon de commande E et l'excentrique de la pompe alimentaire.

Les deux jumelles du bateau sont réunies à l'extrémité d'arrière par un second bâti en charpente I, auquel est rattaché le treuil J qui sert à relever l'élinde par sa partie inférieure.

Les deux bâtis c et I sont reliés ensemble par deux tirants en fer f qui ont surtout pour objet de soulager celui I du poids de l'échelle.

Les godets N de la chaîne déversent sur deux tabliers O, qui, partant du centre, sont disposés pour conduire les sables des deux côtés du bateau, suivant la nécessité du service. On peut, en effet, diriger les graviers extraits vers tribord ou bâbord à volonté, au moyen d'un papillon en tôle g que l'on tourne de façon à former le prolongement de celui des deux tabliers qui doit fonctionner.

Les deux tabliers O se composent encore chacun de deux parties dont l'une est fixe et l'autre mobile à charnière à partir de la balustrade du bateau. Les chaînes qui servent à les relever se rattachent à deux petits treuils fixés aux chevalets, et composés simplement d'un axe l portant une roue dentée l' qui engrène avec un pignon o, fixé sur l'axe d'une manivelle o'.

La machine à vapeur et sa chaudière sont disposées

de la même manière que pour les dragues à deux
élindes ; la force de la machine est seulement un peu
moindre et équivaut à 8 chevaux-vapeur, en moyenne.
Le bateau est, comme le précédent, construit tout en fer.

Sa longueur est de 19 mètres et sa largeur de 3,64.

Les godets de la chaîne sont d'une capacité un peu
moindre que ceux de la grande drague ; ils correspondent à 70 litres.

L'arbre des tambours faisant 10 révolutions par
minute, il passe 20 godets dans le même temps, ce qui
produirait théoriquement pour 10 heures de travail :

$$70 \times 20 \times 60 \times 10 = 840{,}000 \text{ litres}$$

Le produit réel ne s'élève guère qu'à 500 mètres
cubes, dans les mêmes conditions, et en opérant sur des
terrains favorables.

Cette quantité de travail peut néanmoins être regardée comme suffisante, surtout si l'on considère que
cette drague est plutôt disposée en vue d'un service
spécial que pour une production considérable.

DRAGUE A UNE SEULE ÉLINDE VERTICALE

PLANCHE 7

La figure 1ʳᵉ représente cette drague suivant une
section longitudinale passant à l'extérieur du mécanisme
principal ;

La figure 2ᵉ en est une projection horizontale
extérieure, l'échelle de la chaîne supposée en coupe
au-dessus de l'arbre de commande ;

La figure 3ᵉ est une section transversale faite entre
la chaudière et le mécanisme de la chaîne.

Cet appareil a été établi dans des proportions plus
considérables que le précédent, auquel il ressemble
néanmoins, en bien des points, si ce n'est que l'élinde
est complétement verticale.

Cette disposition de la chaîne à godets permet de
descendre à de plus grandes profondeurs que celles
inclinées, auxquelles il faudrait évidemment donner
une longueur bien plus grande pour opérer dans les
mêmes conditions, qui coûteraient plus cher à établir,
par conséquent, et absorberaient une plus grande force
motrice.

La chaîne de cette drague peut atteindre jusqu'à
16 mètres environ au-dessous du niveau de la rivière.
Lorsqu'il est donné d'agir dans ces limites, et même
seulement à 12 ou 13 mètres, il est évident que le profil
du lit du fleuve n'a pas besoin d'être aussi rigoureuse-
ment déterminé que pour des profondeurs moindres,
et qui ne sont que juste suffisantes pour la navigation ;
d'où il suit que, pour les grandes profondeurs, l'emploi
de la chaîne verticale peut avoir lieu sans inconvénient,
quand bien même son travail ne serait pas aussi régu-
lier que celui des chaînes inclinées.

La chaîne A est montée ici sur un bâti en charpente, composé comme précédemment de trois chevalets
c, reposant sur deux traverses d placées en travers du
bateau B, et assujetties après sa coque.

Les tambours qui mettent la chaîne en mouvement
sont remplacés ici, sur l'arbre de commande C, par deux
porte-cames cylindriques en fonte T, qui sont armés
de dents engrenant avec les maillons mêmes de la
chaîne ; et au bas de l'échelle, par un tambour T' également cylindrique sans denture, et qui n'a pas moins
de 90ᶜᵉⁿᵗ. de diamètre.

La forme cylindrique a été reconnue préférable à
toute autre, dans ce cas où l'usure était très rapide, en
ce qu'elle permet de tourner les pièces et de les garnir
de viroles d'acier que l'on remplace facilement au fur
et à mesure qu'elles viennent à s'user.

Il résulte nécessairement de cette modification que
la chaîne est formée de maillons courts, qui constituent
une véritable chaîne de Gall, pour pouvoir suivre aisément le contour circulaire des bobines T et T'.

Les deux montants a remplissent ici un rôle différent
que dans les échelles inclinées, et leur disposition est
aussi différente.

Ils n'agissent que par leur propre poids pour tendre
la chaîne dont ils portent le tambour T' qui les réunit
à leur partie inférieure, tandis que leurs deux extrémités supérieures sont assemblées au moyen des traverses a'.

Ils ne portent aucun rouleau, et ne sont pas joints
entre eux par des pièces intermédiaires comme les croix
de Saint-André, dont il a été parlé ci-dessus. Ils n'ont
pas de point fixe sur l'axe C, et sont simplement guidés
sur deux points de leur longueur par quatre galets en
fonte e placés à l'opposé les uns des autres, deux au
peu au-dessus du fond du bateau, et les deux autres à
la hauteur des traverses supérieures des chevalets c.

La chaîne traverse le bateau par une ouverture
percée dans le fond de la coque, et entourée par une

5

cloison I qui s'élève jusqu'au pont, de façon à former une caisse étanche, à laquelle on donne, en terme de métier, le nom de *puisard*.

L'échelle n'ayant pas d'inclinaison, le versement des godets ne peut avoir lieu directement sur les tabliers ou couloirs O ; ils versent sur un tablier intermédiaire O' que l'on manœuvre à la main au moyen d'un levier *m*. Ce tablier reçoit d'abord la décharge du godet, puis on l'incline ensuite à l'aide du levier *m* pour le faire verser sur les couloirs O. Un homme doit être spécialement préposé à cette manœuvre qui se répète nécessairement au passage de chaque godet.

Il serait désirable de pouvoir effectuer ce travail mécaniquement puisqu'il correspond au mouvement continuel de la chaîne à godets ; il faudrait, pour y parvenir, surmonter les difficultés qui résultent de l'irrégularité inévitable des distances entre les godets.

Je n'ai pas jugé cependant cette réforme utile, attendu que l'homme employé à ce travail a de plus pour mission de surveiller la marche de la chaîne, et d'avertir s'il survient quelque accident qui puisse nécessiter un arrêt momentané.

Les couloirs O sont à charnière et munis, comme précédemment, d'un papillon *g*, à l'aide duquel les graviers peuvent être dirigés d'un côté ou de l'autre du bateau.

Ce papillon est d'un usage extrêmement commode, surtout en ce qu'il permet de changer le chargement de côté, sans arrêter la machine à vapeur.

Machine à vapeur et Chaudière

La machine à vapeur, ainsi que le mode de transmission, présentent tout à fait les mêmes dispositions que pour la drague à une élinde inclinée. Seulement, comme la longueur de la chaîne est plus grande, et le poids de matières extraites plus considérable, la puissance de la machine est aussi plus élevée ; elle est moyennement de 12 chevaux, pouvant aller au besoin à 17.

La chaudière est du système tubulaire avec foyer intérieur ; elle représente 18 mètres carrés de surface de chauffe réduite.

On a été obligé de donner à la cheminée une grande élévation pour que l'homme qui fait le service du tablier O' ne soit pas incommodé par la fumée.

Travail de la Drague

La contenance totale de chaque godet est de 100 litres ; l'axe des tambours fait 22 tours par minute, ce qui correspond ici à un même nombre de godets.

Par conséquent, le rendement théorique, pour dix heures de travail, égale

$$100 \times 22 \times 60 \times 10 = 1,320,000 \text{ litres}$$

ou 1320 mètres cubes.

La production réelle s'est élevée en moyenne à 900 mètres, ce qui correspond à un effet utile égal à

$$\frac{900}{1320} = 0.68$$

résultat supérieur aux précédents, et que l'on peut attribuer à la bonne construction de la drague, ainsi qu'à ses dispositions particulières, qui remplissent parfaitement le but que je m'étais proposé.

DRAGUE A CHARIOT MOBILE

PLANCHE 8

J'ai dit plus haut que cet appareil avait été établi spécialement pour opérer des fouilles dans les enceintes des culées et piles, pour la construction de plusieurs viaducs, où le terrain était vaseux et liquide.

La figure 1ʳᵉ représente cette machine, en vue de côté, le terrain ou la fouille supposée en coupe ;

La figure 2ᵉ en est une projection horizontale extérieure ;

La figure 3ᵉ est une vue transversale de la machine disposée sur la voie, et la fouille en section transversale.

L'ensemble de la drague se compose d'une chaîne A, dont l'axe de rotation C, est monté sur deux chevalets en charpente *c*, assemblés avec deux fortes semelles B, qui forment avec quatre traverses *d* qui les réunissent deux à deux à chaque extrémité, la base de tout l'appareil.

Les mêmes semelles B portent la machine à vapeur D, du système locomobile, qui donne le mouvement à la chaîne à godets.

Le bâti B est porté par quatre galets *e* sur un chariot qui repose lui-même, au moyen de six galets *f*, sur une voie formée de deux rails en bois g, établis sur le sol dans toute la longueur de la fouille.

Le chariot est composé simplement de deux fortes traverses h, chanfreinées à l'intérieur pour recevoir les galets du bâti de la drague, et de quatre longrines j entre lesquelles se trouvent maintenus les galets qui guident ce chariot sur les rails en bois.

On voit que cette disposition permet à la machine de se déplacer suivant deux directions perpendiculaires l'une à l'autre, transversalement par rapport à la fouille par le roulement du bâti B sur le chariot inférieur, et longitudinalement ou perpendiculairement à la direction précédente, par le mouvement de transport de ce chariot sur les rails.

C'est du reste dans cette disposition que réside tout le mérite de l'idée qui a permis d'employer une chaîne ordinaire de drague pour faire ce travail, tout en conservant les moyens de transport si faciles à l'aide des bateaux, lorsqu'on opère sur un cours d'eau.

Les godets déversent sur un tablier O qui conduit les graviers dans une caisse J, placée comme à l'ordinaire sur un wagon de terrassement K ; ce wagon roule sur une portion de voie qui peut se mobiliser comme la drague, en glissant à volonté sur la même voie qu'elle.

La chaîne est, du reste, semblable aux autres, et peut aussi changer d'inclinaison par l'effet du treuil M qui soutient son extrémité inférieure à l'aide de la chaîne mouflée i. Ce treuil, comme toutes les autres parties du mécanisme, est nécessairement solidaire du bâti B.

Le peu de place dont on pouvait disposer a conduit à adopter une machine locomobile qui réunit, ainsi qu'on le sait, les pièces du mouvement et la chaudière.

Le piston du cylindre à vapeur D transmet son mouvement par la bielle q, à l'arbre coudé b, sur lequel se trouve le volant G, et une poulie L, qui commande par une courroie k, une seconde poulie L' placée sur l'arbre intermédiaire l ; celui-ci commande l'axe C du tambour T, par une paire d'engrenages, composée du pignon E et de la roue F.

Cette machine est, en résumé, d'une grande simplicité. Elle pouvait atteindre, par la longueur de l'échelle, jusqu'à 8 mètres au-dessous des rails qui conduisent le chariot inférieur.

La machine à vapeur développe pour la commander une puissance moyenne de 4 chevaux. Elle fait environ 55 tours par minute, et en fait faire 9 dans le même temps à l'arbre qui met la chaîne en mouvement.

A cette vitesse, il passe 12 godets par minute, cubant chacun 30 litres, ce qui produirait théoriquement, pour dix heures de travail :

$$30 \times 12 \times 60 \times 10 = 216,000 \text{ litres}$$

soit 216 mètres cubes.

Mais par la nature du terrain, qui n'était que glaiseux et non pas complétement liquide, les matières adhéraient après les godets contre lesquels on était forcé constamment de frapper pour les en détacher, ce qui ne permet pas de travailler d'une façon continue.

Si l'on ajoute à cela les causes ordinaires d'interruption, et la difficulté d'opérer les transports, pour des raisons locales particulières, on se rend compte de son faible rendement réel qui ne dépassait pas 60 à 80 mètres cubes par jour.

On a employé au même travail, et en même temps, une autre machine semblable, mais mise en mouvement par 8 hommes ; elle produisait 50 mètres cubes par jour.

TABLE

PARIS. — IMPRIMERIE DE J. CLAYE, RUE SAINT-BENOIT. 7

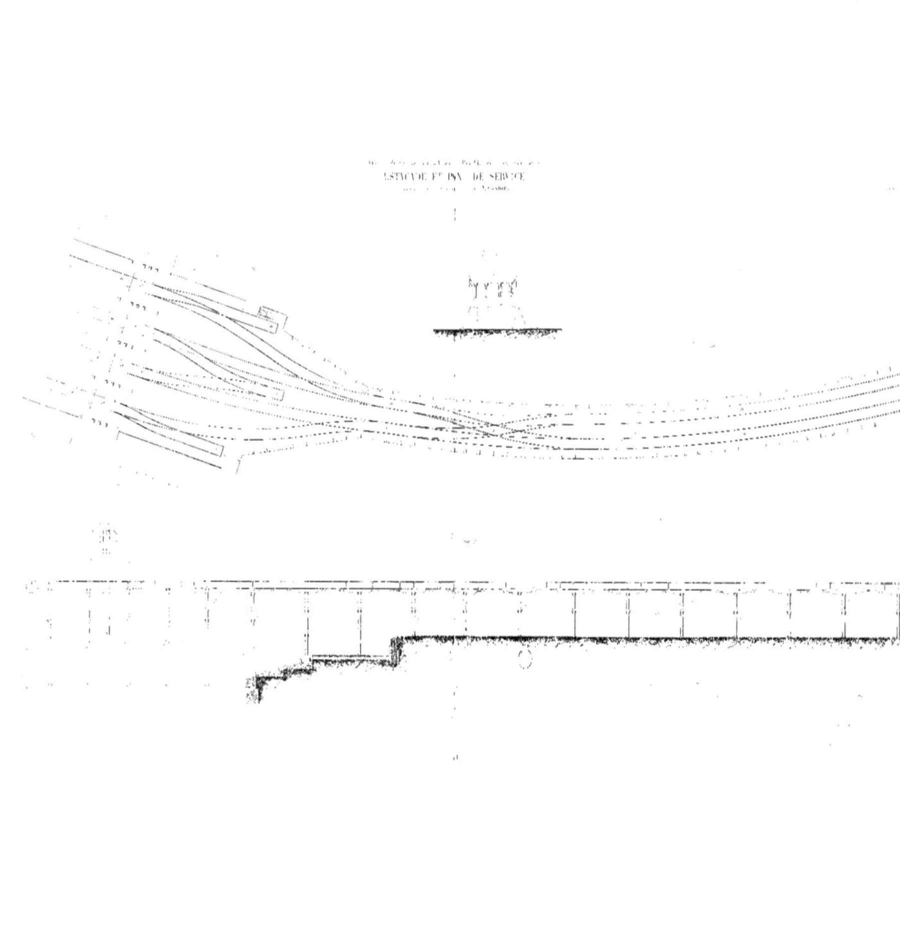
ESTACADE ET PLAN DE SERVICE

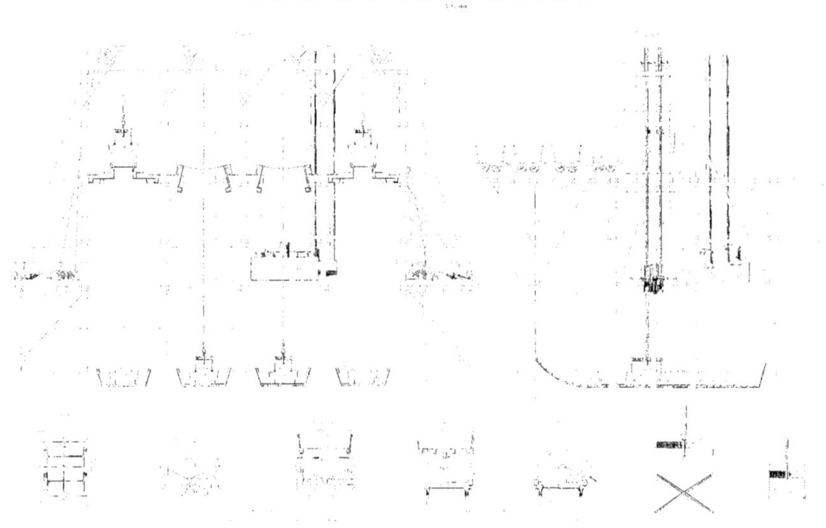

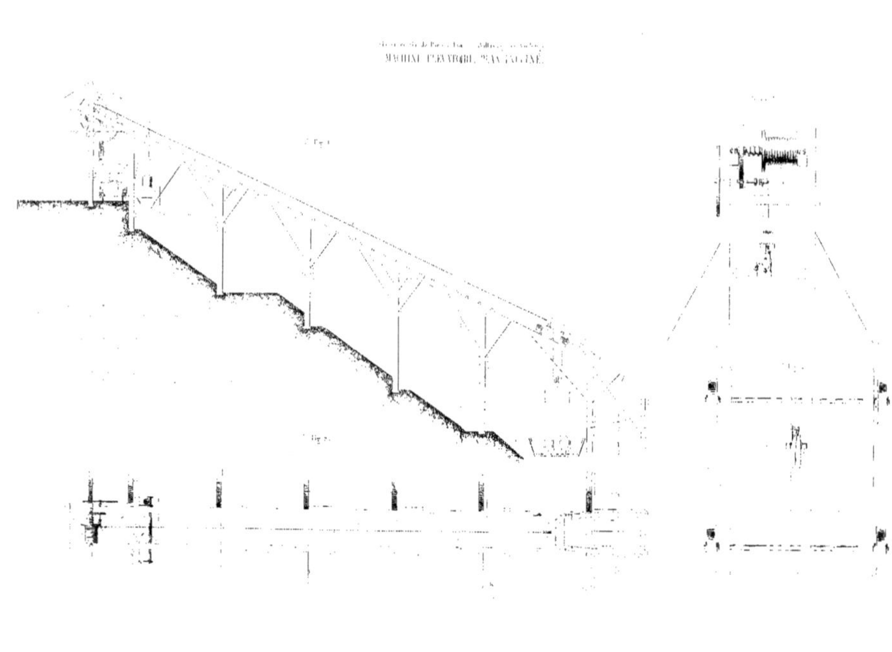
MACHINE D'EXTRACTION. PLAN INCLINÉ.

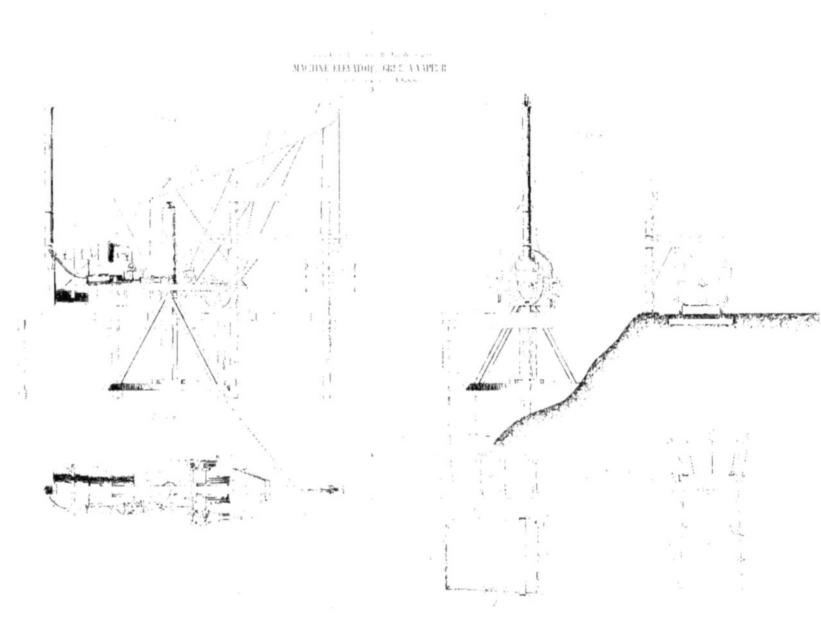

MACHINE ÉLÉVATOIRE, GRUE À VAPEUR

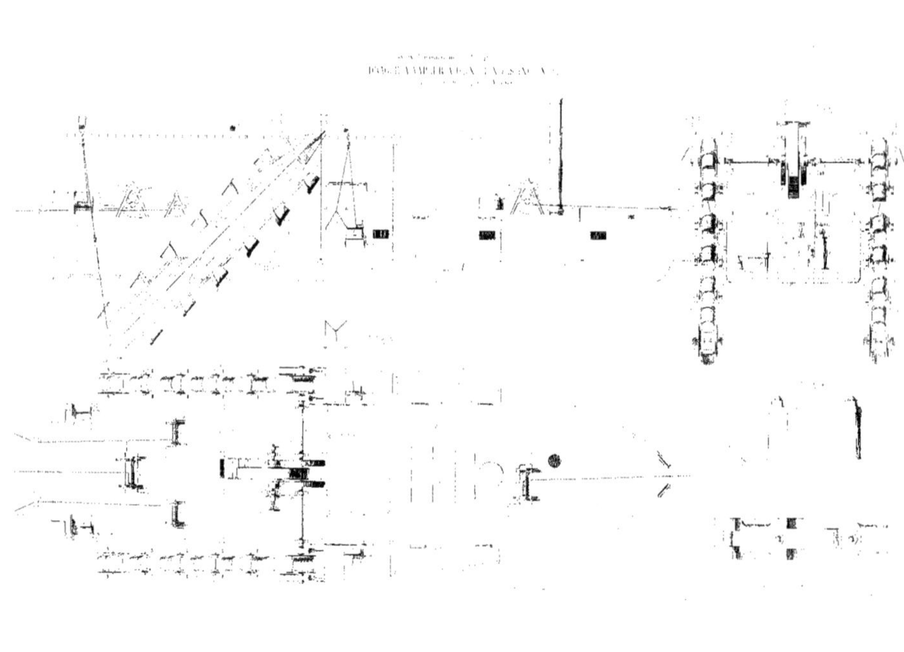

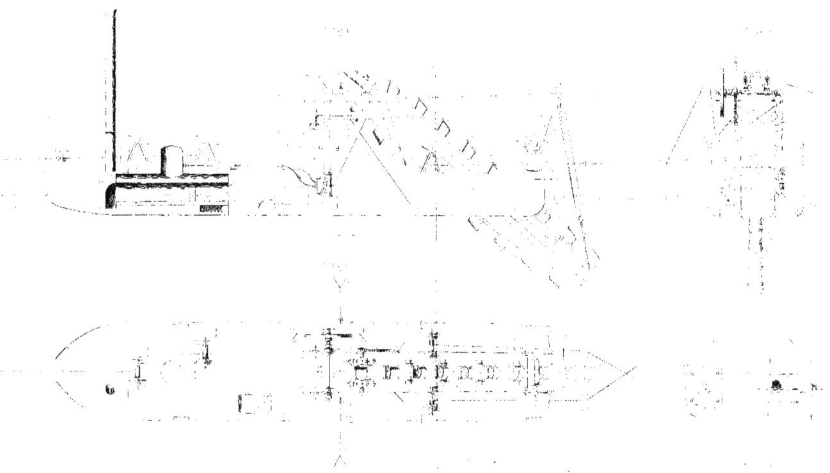

DRAGUE A VAPEUR A VIS A ECHELLE INCLINÉE.

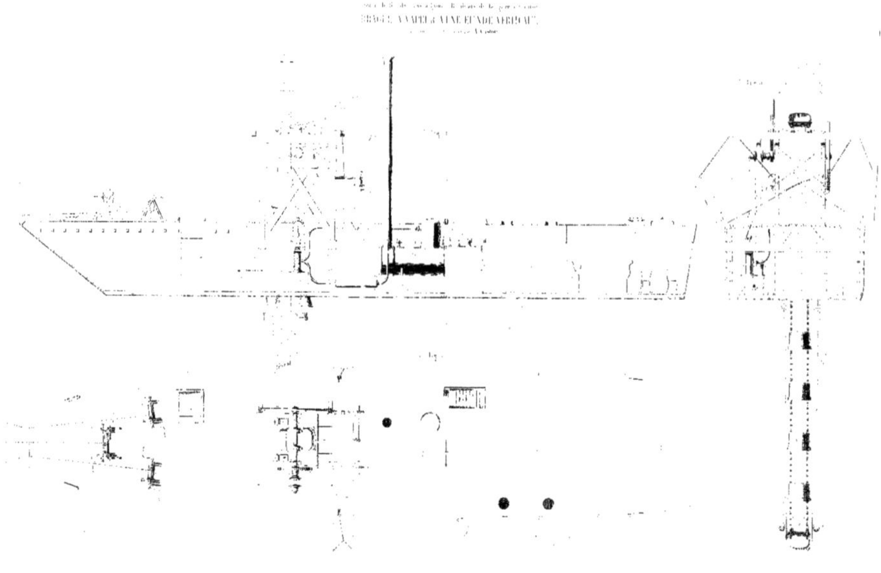
DRAGUE A VAPEUR A CHAINE ET DE DECHARGE.

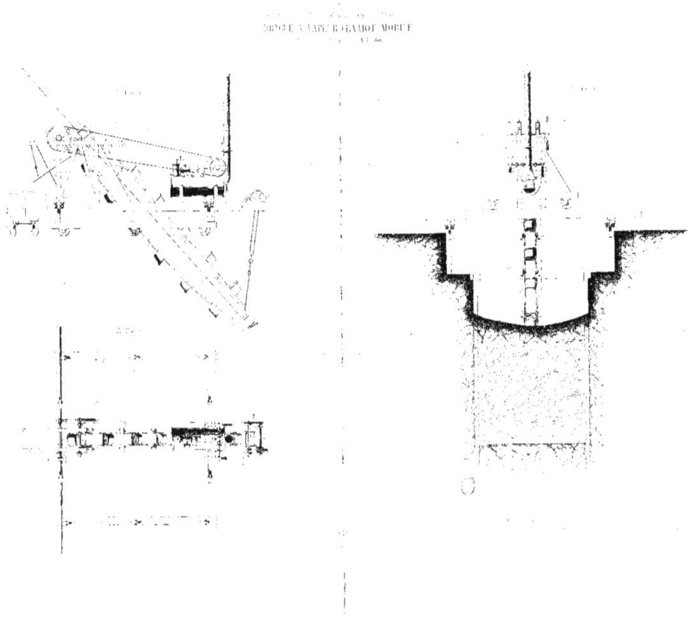
DÉVOLE À VAPEUR ROBINOT MOBILE